甲骨文好好玩

十二生肖的故事

甲骨文書法／歐陽可亮

故事／歐陽效平　　畫面構成／三上眞佐子　　翻譯／鄭如峯

小時候，
我常常坐在爸爸的大腿上玩。
爸爸抱著我，
一邊輕快的寫著
有著三千年以上歷史的甲骨文，
一邊告訴我好多故事。

例如，
年和動物的故事……

辵…遊　　　夊…年　　　孑…子　　　夂…父

十二生肖的故事

很ㄏㄣˇ久ㄐㄧㄡˇ很ㄏㄣˇ久ㄐㄧㄡˇ以ㄧˇ前ㄑㄧㄢˊ，
因ㄧㄣ為ㄨㄟˋ沒ㄇㄟˊ有ㄧㄡˇ月ㄩㄝˋ曆ㄌㄧˋ， 也ㄧㄝˇ沒ㄇㄟˊ有ㄧㄡˇ年ㄋㄧㄢˊ曆ㄌㄧˋ，
人ㄖㄣˊ們ㄇㄣˊ不ㄅㄨˋ知ㄓ道ㄉㄠˋ該ㄍㄞ如ㄖㄨˊ何ㄏㄜˊ計ㄐㄧˋ算ㄙㄨㄢˋ年ㄋㄧㄢˊ分ㄈㄣ，
也ㄧㄝˇ不ㄅㄨˋ會ㄏㄨㄟˋ計ㄐㄧˋ算ㄙㄨㄢˋ自ㄗˋ己ㄐㄧˇ的ㄉㄜ年ㄋㄧㄢˊ齡ㄌㄧㄥˊ。

於是人們就和神商量，
「請告訴我們一個計算年分的好方法。」
神回答：「如果用動物的名字來代表年分，
是不是比較方便呢？」
動物聽到了之後，都集合到神的身邊。

神告訴所有動物：「明天早上，
最快跨過那條大河，
來到我身邊的前十二隻動物，
就可以擔任年的生肖。」

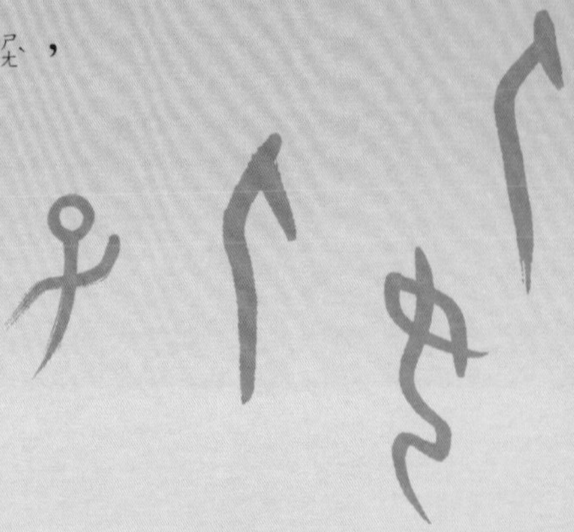

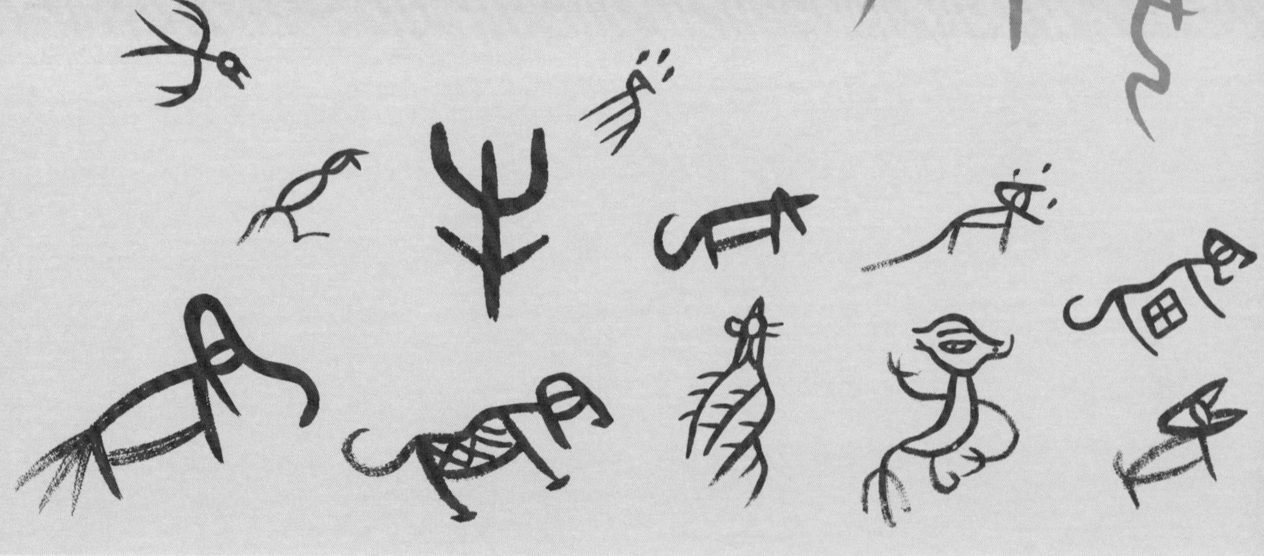

天⋯ 人⋯ 老⋯ 長⋯

电…女(ヂョ)　　雫…母(ロメ)　　芊…子(アャ)　　罗8…孫(ムスら)

貓和老鼠的感情很好，
他們總是玩在一起， 也在一起吃飯。
那天， 貓和老鼠一起回家。
到了晚上， 他們倆都睡不著。

…貓
…鼠
…月
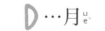…星
…家

老鼠心裡想著，
我想成為第一名，
但是要怎樣才能
早點渡河呢？
貓也在想同樣的事情。

宿（ㄙㄨˋ）　室（ㄕˋ）　客（ㄎㄜˋ）　宮（ㄍㄨㄥ）　安（ㄢ）

雞「咕咕咕——」鳴叫之前，
牛已經準備要渡河了。

這時，貓和老鼠剛好也來了，
貓揉著惺忪的睡眼，
老鼠也睏得搖搖擺擺走不穩。

「騎到我的背上來吧！
我載你們到河的對岸。　」
牛好親切喔！

於是，貓和老鼠
就跳到牛背上去了。

Ψ…牛　⩚⩚…山　◉…日　✳…木　✳✳…林

森ムリ　休トィス　集リー　樂カム

老鼠在牛背上，
一邊搖晃一邊想著，
這麼一來前三名就
非我們莫屬了，
但是，我想成為第一名……
於是老鼠跟貓說：
「你看！太陽升起來了！」

然後，老鼠就趁貓看著
耀眼的陽光時，將貓推下河。

牛還是慢慢的渡河，
並不知道發生了什麼事。

…川　　…舟　　…鳥

到（ㄉㄠˋ）了（ㄌㄜ˙）岸（ㄢˋ）邊（ㄅㄧㄢ），
老（ㄌㄠˇ）鼠（ㄕㄨˇ）從（ㄘㄨㄥˊ）牛（ㄋㄧㄡˊ）的（ㄉㄜ˙）頭（ㄊㄡˊ）頂（ㄉㄧㄥˇ）跳（ㄊㄧㄠˋ）下（ㄒㄧㄚˋ）來（ㄌㄞˊ）。
他（ㄊㄚ）一（ㄧ）邊（ㄅㄧㄢ）快（ㄎㄨㄞˋ）跑（ㄆㄠˇ），一（ㄧ）邊（ㄅㄧㄢ）說（ㄕㄨㄛ）：
「我（ㄨㄛˇ）第（ㄉㄧˋ）一（ㄧ）名（ㄇㄧㄥˊ）！」
牛（ㄋㄧㄡˊ）接（ㄐㄧㄝ）著（ㄓㄜ˙）說（ㄕㄨㄛ）：
「咦（ㄧˊ）？我（ㄨㄛˇ）第（ㄉㄧˋ）二（ㄦˋ）名（ㄇㄧㄥˊ）嗎（ㄇㄚ˙）？」

✾✾…花（ㄏㄨㄚ）　　　　ψ…草（ㄘㄠˇ）

…虎「ㄏㄨˇ」

…兔「ㄊㄨˋ」

…龜「ㄍㄨㄟ」

老虎很賣力的渡過了河，
全身溼淋淋的跑到神面前說：
「神，你看，
強壯的我是第一名！」
神回答說：「不，你是
第三名喔！」

兔子將正在渡河的動物當作跳板，
跳到對岸，得到第四名。
但是，兔子跑得太急，摔倒了，
嘴巴也受傷了。

…鹿

…土

…生

龍ㄌㄨㄥˊ降ㄐㄧㄤˋ下ㄒㄧㄚˋ大ㄉㄚˋ雨ㄩˇ和ㄏㄢˊ雪ㄒㄩㄝˇ， 還ㄏㄞˊ邊ㄅㄧㄢ敲ㄑㄧㄠ打ㄉㄚˇ著ㄓㄜˋ雷ㄌㄟˊ，
穿ㄔㄨㄢ過ㄍㄨㄛˋ雲ㄩㄣˊ端ㄉㄨㄢ， 從ㄘㄨㄥˊ很ㄏㄣˇ高ㄍㄠ的ㄉㄜ天ㄊㄧㄢ上ㄕㄤˋ飛ㄈㄟ舞ㄨˇ下ㄒㄧㄚˋ來ㄌㄞˊ，
結ㄐㄧㄝ果ㄍㄨㄛˇ是ㄕˋ第ㄉㄧˋ五ㄨˇ名ㄇㄧㄥˊ。

角…龍ㄌㄨㄥˊ　　　も…蛇ㄕㄜˊ　　　雨宀田宀…雨ㄩˇ

第<ruby>六<rt>カ一ㄡ</rt></ruby>名<ruby><rt>ㄇ一ㄥ</rt></ruby>是<ruby><rt>ㄕ</rt></ruby>從<ruby><rt>ㄘ一ㄥ</rt></ruby>草<ruby><rt>ㄘㄠ</rt></ruby>叢<ruby><rt>ㄘㄨㄥ</rt></ruby>中<ruby><rt>ㄓㄨㄥ</rt></ruby>
彎<ruby><rt>ㄨㄢ</rt></ruby>彎<ruby><rt>ㄨㄢ</rt></ruby>曲<ruby><rt>ㄑㄩ</rt></ruby>曲<ruby><rt>ㄑㄩ</rt></ruby>爬<ruby><rt>ㄆㄚ</rt></ruby>行<ruby><rt>ㄒ一ㄥ</rt></ruby>過<ruby><rt>ㄍㄨㄛ</rt></ruby>來<ruby><rt>ㄌㄞ</rt></ruby>的<ruby><rt>ㄉㄜ</rt></ruby>蛇<ruby><rt>ㄕㄜ</rt></ruby>，
可<ruby><rt>ㄎㄜ</rt></ruby>是<ruby><rt>ㄕ</rt></ruby>蛇<ruby><rt>ㄕㄜ</rt></ruby>爬<ruby><rt>ㄆㄚ</rt></ruby>得<ruby><rt>ㄉㄜ</rt></ruby>太<ruby><rt>ㄊㄞ</rt></ruby>快<ruby><rt>ㄎㄨㄞ</rt></ruby>，　腳<ruby><rt>ㄐ一ㄠ</rt></ruby>都<ruby><rt>ㄉㄡ</rt></ruby>磨<ruby><rt>ㄇㄛ</rt></ruby>不<ruby><rt>ㄅㄨ</rt></ruby>見<ruby><rt>ㄐ一ㄢ</rt></ruby>了<ruby><rt>ㄌㄜ</rt></ruby>。

…雷<ruby><rt>ㄌㄟ</rt></ruby>　　　　　　…雲<ruby><rt>ㄩㄣ</rt></ruby>　　　　　…雪<ruby><rt>ㄒㄩㄝ</rt></ruby>

馬ㄇㄚˇ … 馬ㄇㄚˇ

木ㄠ 木ㄠ 木ㄠ … 燕ㄧㄢˋ

易 … 雀ㄑㄩㄝˋ

弦弦 … 蟲ㄔㄨㄥˊ

馬ㄇㄚˇ輕ㄑㄧㄥ快ㄎㄨㄞˋ的ㄉㄜ˙游ㄧㄡˊ過ㄍㄨㄛˋ河ㄏㄜˊ來ㄌㄞˊ，
一ㄧˋ到ㄉㄠˋ岸ㄢˋ上ㄕㄤ˙就ㄐㄧㄡˋ發ㄈㄚ出ㄔㄨ「噠ㄉㄚˊ噠ㄉㄚˊ噠ㄉㄚˊ」的ㄉㄜ˙馬ㄇㄚˇ蹄ㄊㄧˊ聲ㄕㄥ，
他ㄊㄚ拚ㄆㄢˋ命ㄇㄧㄥˋ的ㄉㄜ˙跑ㄆㄠˇ，鬃ㄗㄨㄥ毛ㄇㄠˊ隨ㄙㄨㄟˊ風ㄈㄥ飛ㄈㄟ揚ㄧㄤ。

馬ㄇㄚˇ在ㄗㄞˋ神ㄕㄣˊ的ㄉㄜ˙面ㄇㄧㄢˋ前ㄑㄧㄢˊ踩ㄘㄞˇ了ㄌㄜ˙煞ㄕㄚ車ㄔㄜ，
得ㄉㄜˊ到ㄉㄠˋ第ㄉㄧˋ七ㄑㄧ名ㄇㄧㄥˊ。

ㄈㄥ…風ㄈㄥ　　　…竹ㄓㄨˊ　　　…麥ㄇㄞˋ　　　…禾ㄏㄜˊ　　　…果ㄍㄨㄛˇ

羊和猴子、雞、狗坐在又粗又長的圓木上，漂過了河。羊站在前頭，很興奮的大叫：「哇！是船喔！是船喔！」他得到第八名。

討厭水的猴子坐在圓木上，竟把屁股磨得紅紅的。他是第九名。

雞原有四隻腳，兩隻腳被圓木的分叉夾斷了，所以剩下兩隻腳。他是第十名。

…羊　…猴　…雞　…狗

狗ㄍㄡˇ在ㄗㄞˋ圓ㄩㄢˊ木ㄇㄨˋ上ㄕㄤˋ很ㄏㄣˇ不ㄅㄨˋ安ㄢ分ㄈㄣˋ， 一ㄧ下ㄒㄧㄚˋ子ㄗˇ看ㄎㄢˋ魚ㄩˊ，
一ㄧ下ㄒㄧㄚˋ子ㄗˇ游ㄧㄡˊ泳ㄩㄥˇ， 沒ㄇㄟˊ能ㄋㄥˊ好ㄏㄠˇ好ㄏㄠˇ的ㄉㄜ˙坐ㄗㄨㄛˋ著ㄓㄜ˙，
所ㄙㄨㄛˇ以ㄧˇ得ㄉㄜˊ到ㄉㄠˋ第ㄉㄧˋ十ㄕˊ一ㄧ名ㄇㄧㄥˊ。

🐟🐟🐟…魚ㄩˊ 　水水水…水ㄕㄨㄟˇ 　🐟…漁ㄩˊ 　旅…旅ㄌㄩˇ

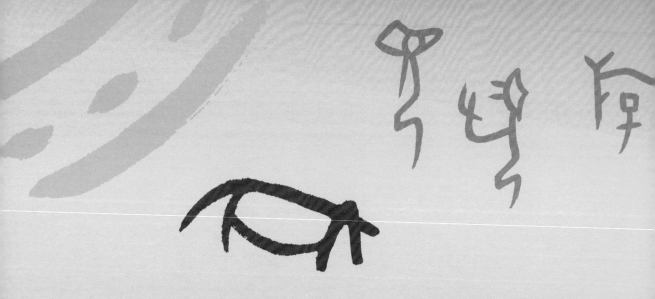

第<rt>ㄉㄧˋ</rt>十<rt>ㄕˊ</rt>二<rt>ㄦˋ</rt>名<rt>ㄇㄧㄥˊ</rt>會<rt>ㄏㄨㄟˋ</rt>是<rt>ㄕˋ</rt>誰<rt>ㄕㄟˊ</rt>呢<rt>ㄋㄜ˙</rt>？
大<rt>ㄉㄚˋ</rt>家<rt>ㄐㄧㄚ</rt>都<rt>ㄉㄡ</rt>好<rt>ㄏㄠˇ</rt>想<rt>ㄒㄧㄤˇ</rt>知<rt>ㄓ</rt>道<rt>ㄉㄠˋ</rt>。
人<rt>ㄖㄣˊ</rt>們<rt>ㄇㄣ˙</rt>一<rt>ㄧ</rt>邊<rt>ㄅㄧㄢ</rt>準<rt>ㄓㄨㄣˇ</rt>備<rt>ㄅㄟˋ</rt>慶<rt>ㄑㄧㄥˋ</rt>祝<rt>ㄓㄨˋ</rt>活<rt>ㄏㄨㄛˊ</rt>動<rt>ㄉㄨㄥˋ</rt>，
一<rt>ㄧ</rt>邊<rt>ㄅㄧㄢ</rt>伸<rt>ㄕㄣ</rt>長<rt>ㄔㄤˊ</rt>脖<rt>ㄅㄛˊ</rt>子<rt>ㄗ˙</rt>等<rt>ㄉㄥˇ</rt>待<rt>ㄉㄞˋ</rt>著<rt>ㄓㄜ˙</rt>。

一<rt>ㄧ</rt>直<rt>ㄓˊ</rt>等<rt>ㄉㄥˇ</rt>到<rt>ㄉㄠˋ</rt>太<rt>ㄊㄞˋ</rt>陽<rt>ㄧㄤˊ</rt>快<rt>ㄎㄨㄞˋ</rt>下<rt>ㄒㄧㄚˋ</rt>山<rt>ㄕㄢ</rt>的<rt>ㄉㄜ˙</rt>時<rt>ㄕˊ</rt>候<rt>ㄏㄡˋ</rt>，
終<rt>ㄓㄨㄥ</rt>於<rt>ㄩˊ</rt>看<rt>ㄎㄢˋ</rt>到<rt>ㄉㄠˋ</rt>豬<rt>ㄓㄨ</rt>慢<rt>ㄇㄢˋ</rt>吞<rt>ㄊㄨㄣ</rt>吞<rt>ㄊㄨㄣ</rt>的<rt>ㄉㄜ˙</rt>走<rt>ㄗㄡˇ</rt>過<rt>ㄍㄨㄛˋ</rt>來<rt>ㄌㄞˊ</rt>。
這<rt>ㄓㄜˋ</rt>麼<rt>ㄇㄜ˙</rt>一<rt>ㄧ</rt>來<rt>ㄌㄞˊ</rt>，十<rt>ㄕˊ</rt>二<rt>ㄦˋ</rt>生<rt>ㄕㄥ</rt>肖<rt>ㄒㄧㄠˋ</rt>就<rt>ㄐㄧㄡˋ</rt>確<rt>ㄑㄩㄝˋ</rt>定<rt>ㄉㄧㄥˋ</rt>了<rt>ㄌㄜ˙</rt>。

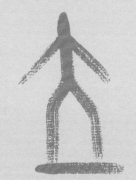

…豬<rt>ㄓㄨ</rt>　　…見<rt>ㄐㄧㄢˋ</rt>　　…聞<rt>ㄨㄣˊ</rt>　　…光<rt>ㄍㄨㄤ</rt>　　…好<rt>ㄏㄠˇ</rt>

舞 ㄨˇ   歌 ㄍㄜ   立 ㄌㄧˋ   車 ㄔㄜ   夢 ㄇㄥˋ

神莊嚴的說：「以後，
就要拜託這十二種動物了。
麻煩你們了！」

動物們好高興，
大家快樂的跳著舞。

從這個時候開始，
年的順序就變成了：
鼠、牛、虎、兔、龍、蛇、
馬、羊、猴、雞、狗、豬。

至ㄓ於ㄩ掉ㄉㄧㄠˋ到ㄉㄠˋ河ㄏㄜˊ裡ㄌㄧˇ的ㄉㄜ貓ㄇㄠ怎ㄗㄣˇ麼ㄇㄜ了ㄌㄜ？
貓ㄇㄠ終ㄓㄨㄥ於ㄩ到ㄉㄠˋ了ㄌㄜ河ㄏㄜˊ的ㄉㄜ對ㄉㄨㄟˋ岸ㄢˋ，　成ㄔㄥˊ為ㄨㄟˊ第ㄉㄧˋ十ㄕˊ三ㄙㄢ名ㄇㄧㄥˊ，
但ㄉㄢˋ是ㄕˋ不ㄅㄨˋ在ㄗㄞˋ十ㄕˊ二ㄦˋ名ㄇㄧㄥˊ內ㄋㄟˋ。
「貓ㄇㄠ咪ㄇㄧ，　我ㄨㄛˇ了ㄌㄧㄠˇ解ㄐㄧㄝˇ你ㄋㄧˇ追ㄓㄨㄟ老ㄌㄠˇ鼠ㄕㄨˇ的ㄉㄜ心ㄒㄧㄣ情ㄑㄧㄥˊ了ㄌㄜ！　」

每當故事說完的時候，
爸爸總會牽起我的小手說：
「現在，我們來畫畫吧！」

…藝

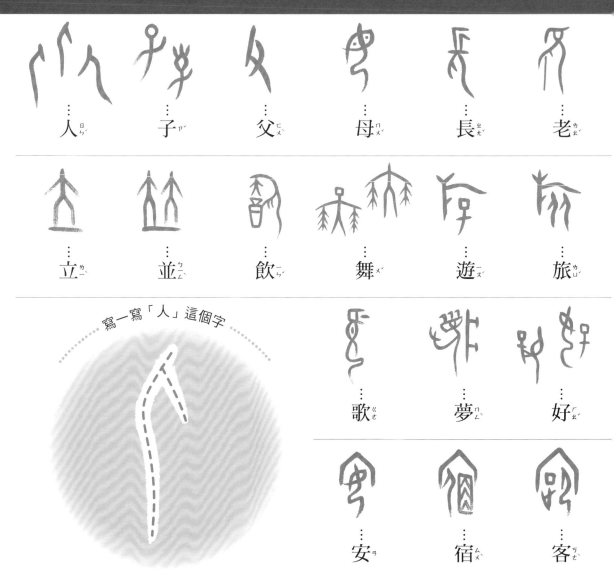

人 ㄖㄣ

子 ㄗˇ

父 ㄈㄨ

母 ㄇㄨ

長 ㄓㄤ

老 ㄌㄠ

立 ㄌㄧ

並 ㄅㄧㄥ

飲 ㄧㄣ

舞 ㄨ

遊 ㄧㄡ

旅 ㄌㄩ

寫一寫「人」這個字

歌 ㄍㄜ

夢 ㄇㄥ

好 ㄏㄠ

安 ㄢ

宿 ㄙㄨ

客 ㄎㄜ

寫一寫「子」這個字

孫 ㄙㄨㄣ

女 ㄋㄩˇ

見 ㄐㄧㄢˋ

聞 ㄨㄣˊ

舟 ㄓㄡ

車 ㄔㄜ

門 ㄇㄣˊ

何 ㄏㄜˊ

家 ㄐㄧㄚ

宮 ㄍㄨㄥ

室 ㄕˋ

藝 ㄧˋ

休 ㄒㄧㄡ

漁 ㄩˊ

文 ㄨㄣˊ

行 ㄒㄧㄥˊ

足 ㄗㄨˊ

步 ㄅㄨˋ

左 ㄗㄨㄛˇ

右 ㄧㄡˋ

甲骨文長得和現在我們使用的文字不太一樣吧！它經過了三千年的歷史，才成為現在的模樣呢！

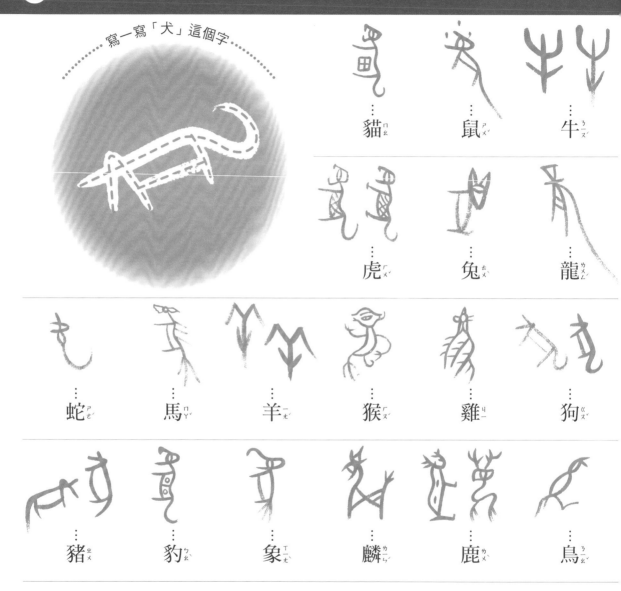

寫一寫「犬」這個字

貓(ㄇㄠ)　鼠(ㄕㄨˇ)　牛(ㄋㄧㄡˊ)

虎(ㄏㄨˇ)　兔(ㄊㄨˋ)　龍(ㄌㄨㄥˊ)

蛇(ㄕㄜˊ)　馬(ㄇㄚˇ)　羊(ㄧㄤˊ)　猴(ㄏㄡˊ)　雞(ㄐㄧ)　狗(ㄍㄡˇ)

豬(ㄓㄨ)　豹(ㄅㄠˋ)　象(ㄒㄧㄤˋ)　麟(ㄌㄧㄣˊ)　鹿(ㄌㄨˋ)　鳥(ㄋㄧㄠˇ)

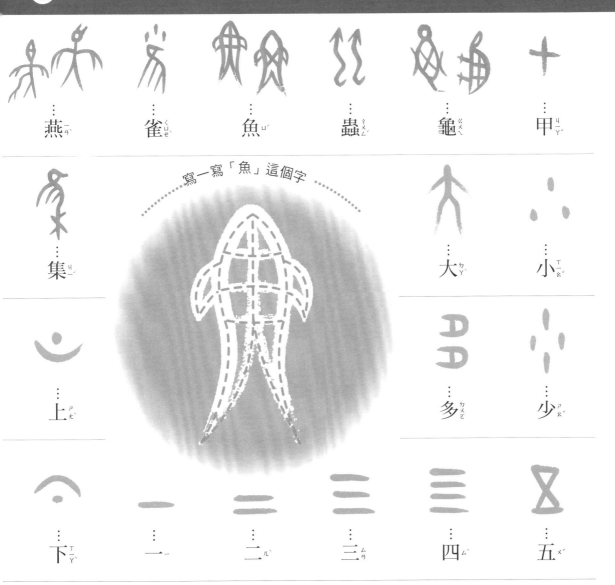

藍色的字沒出現在故事裡，你可以寫著玩。

燕一ㄢˋ 雀ㄑㄩㄝˋ 魚ㄩˊ 蟲ㄔㄨㄥˊ 龜ㄍㄨㄟ 甲ㄐㄧㄚˇ

集ㄐㄧˊ 大ㄉㄚˋ 小ㄒㄧㄠˇ

上ㄕㄤˋ 多ㄉㄨㄛ 少ㄕㄠˇ

寫一寫「魚」這個字

下ㄒㄧㄚˋ 一ㄧ 二ㄦˋ 三ㄙㄢ 四ㄙˋ 五ㄨˇ

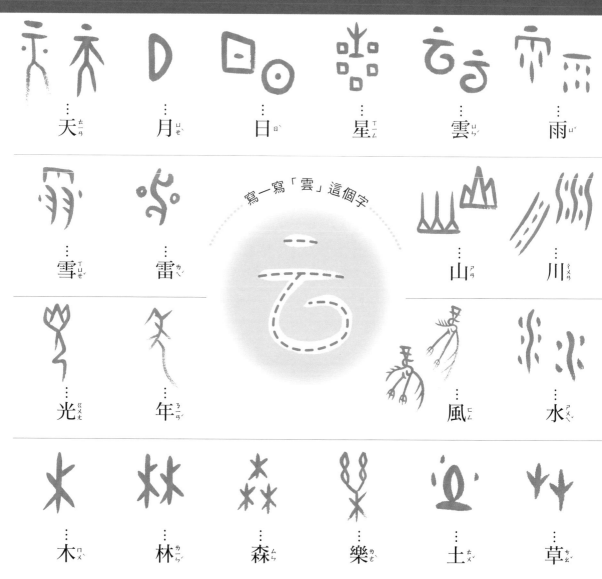

天 月 日 星 雲 雨

雪 雷

寫一寫「雲」這個字

山 川

光 年

風 水

木 林 森 樂 土 草

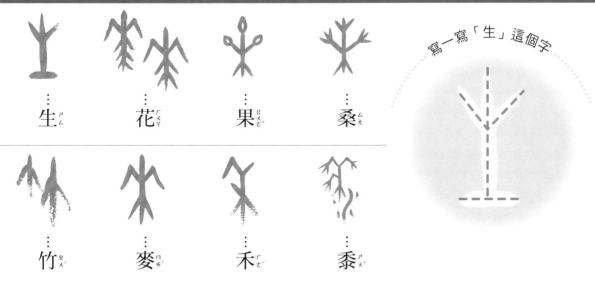

生 ㄕㄥ　花 ㄏㄨㄚ　果 ㄍㄨㄛ　桑 ㄙㄤ

竹 ㄓㄨˊ　麥 ㄇㄞˋ　禾 ㄏㄜˊ　黍 ㄕㄨˇ

寫一寫「生」這個字

寫一寫「水」這個字

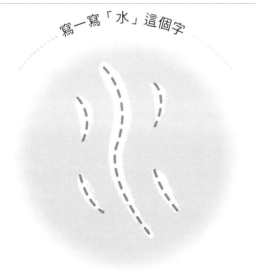

田 ㄊㄧㄢˊ　東 ㄉㄨㄥ　西 ㄒㄧ

園 ㄩㄢˊ　南 ㄋㄢˊ

你知道這是
什麼字嗎？

甲骨文書法／歐陽可亮

　　一九一八年生於北京，是唐代書法家歐陽詢（西元557-641）的第四十四代直系子孫。三歲起跟隨國學大師王國維學習甲骨文，之後師事羅振玉、董作賓、郭沫若等人。

　　一九四二年成為上海東亞同文書院大學講師，並參與《日華辭典》的編輯。二次大戰結束後大學廢校，辭典資料被盟軍最高司令官總司令部（GHQ）沒收。一九五四年，此辭典資料被當成促進中日兩國文化交流的禮物送到日本。一九五五年，歐陽可亮受到日方聘請，在愛知大學繼續編輯辭典，歐陽可亮的家人也一同前往日本。之後，他編輯了《岩波中文辭典》、《熊野中文辭典》、《中日大辭典》，另一方面也在外務省研習所、神戶市外語大學、國際基督教大學、拓殖大學、東京產業大學、一橋大學等任教，並致力於甲骨文的研究與普及甲骨文教育。主要著作為《集契集》。

　　一九八〇年他因腦出血導致右手不便，卻成為使用左手書寫的巨匠。直到一九九二年於東京去世之前，他不但繼續書寫甲骨文，還一直致力於提倡甲骨文的重要性，例如提議在安陽的殷墟遺址舉辦發現甲骨文九十週年國際學術座談會等。

　　此繪本是由歐陽可亮所著的《集契集》（1976年中文版、1984年日文版）、《甲骨文龍年書帖》（1976年），以及甲骨文書法作品〈十二生肖星斗值年月日時圖〉、〈十二生肖司時圖〉、〈龜甲文司時圖〉、〈洋竹舟殷人東渡美洲三千年〉中歐陽可亮所書寫的甲骨文文字集結而成。

故事／歐陽效平

　　歐陽可亮的次女，一九四五年生於上海。出生後不久即跟隨父母來臺灣，直到一九五五年才隨雙親去日本。畢業於日本國際基督教大學心理學系，留學於德國波鴻大學。從學生時代就對病弱兒童的成長極度關心，返回日本後致力於推廣德國的治療教育概念。二〇〇三至二〇〇七年間在醫院小兒科病房實施住院兒童的成長援助活動。二〇〇五年入學聖和大學研究所，專攻幼兒教育學。現在致力於提倡在「日本醫療保育學會」等學會設置院內幼稚園。二〇一八年獲頒廣東省文物保護基金會「二〇一八年度廣東省文化遺產保育突出貢獻人」的榮耀證書。

翻譯／鄭如峯

　　自幼生長於新北市鶯歌區，從小就很喜歡畫畫。也許是生長在陶瓷鎮的鶯歌，也或許是父親做陶的關係，從小就對藝術有一份特殊的情感。後來受到日文繪本的吸引到日本學習兒童文學，繪本一直是我的最愛，很高興能將我喜愛的日文繪本介紹給臺灣的孩子們。

小熊出版官方網頁

小熊出版讀者回函

精選圖畫書　**甲骨文好好玩：十二生肖的故事**　甲骨文書法／歐陽可亮　故事／歐陽效平　畫面構成／三上真佐子　翻譯／鄭如峯

總編輯：鄭如瑤　文字編輯：劉子韻　美術編輯：王子昕　行銷主任：塗幸儀　印務經理：黃禮賢　社長：郭重興　發行人兼出版總監：曾大福
出版與發行：小熊出版・遠足文化事業股份有限公司　　地址：231 新北市新店區民權路108-2號9樓　　電話：02-22181417　傳真：02-86671891
劃撥帳號：19504465　戶名：遠足文化事業股份有限公司　　客服專線：0800-221029　　E-mail：littlebear@bookrep.com.tw　Facebook：小熊出版
讀書共和國出版集團網路書店：http://www.bookrep.com.tw　　印製：漾格科技股份有限公司　　法律顧問：華洋國際專利商標事務所／蘇文生律師
初版一刷：2014 年 6 月　　　　二版二刷：2021 年 6 月　　　　定價：300 元　　　　ISBN：978-957-8640-65-8

甲骨文好好玩

十二生肖的故事

家長手冊

 …龜（ㄍㄨㄟ）　　　十 …甲（ㄐㄧㄚ）　　　 …文（ㄨㄣ）

甲骨文又稱「龜甲文」，或是「龜甲獸骨文」，是商代王室占卜後刻在龜甲或是獸骨上的記事文字。

寫給爸爸、媽媽

文／歐陽效平

小朋友最喜歡坐在爸爸、媽媽的膝上，和爸爸、媽媽一起畫畫了。但爸爸、媽媽是不是有時候也不知道要畫什麼好呢？

這時，就請翻開這本圖畫書吧！

剛開始閱讀時請不要在意甲骨文是漢字的始祖這件事，只要憑著感覺猜一猜、寫一寫，沉浸在故事的歡樂中，好好享受和孩子一起玩的樂趣。

當孩子好奇的問到甲骨文、中文字或十二生肖的由來和故事時，您如果能參考這篇文章，並用您自己的話來說給孩子聽，這將是多麼令人高興的事。

我不是圖畫書作家，也不是甲骨文研究者。會寫出這本書，是因為在我小時候，父親常常將生活中的對話或故事中出現的物品，在紙上或沙中畫成圖案給我看，這樣的時刻總讓我感覺特別的開心。

父親用點和線，流利的畫出各種動物、生活用品、風、光，還有傳說中的動物——龍、麒麟等給我看。

後來，我才知道父親畫的圖案是甲骨文。父親還告訴我文字和文字結合起來就形成單詞、形成文章，成為溝通交流的工具。我漸漸長大之後，才了解父親話裡的深奧意義。

什麼是甲骨文？

　　甲骨文是三千多年以前，中國殷商時代所使用的古代文字。

　　因為字被刻在龜殼或獸骨上，所以取名為甲骨文（又稱龜甲獸骨文或龜甲文），現在被認為是漢字的最古老形態。

　　然而，這個古代文字並非原始而不成熟，其實當時各式各樣的文字都已經形成了。例如，將東西的形狀用繪畫的方式表現出來的象形文字、由字形和字形結合成的會意文字、表示「上、下」等方位的指示文字等，這些文字和現在的中文字並沒有太大的差別。

　　雖然甲骨文與現代中文字有共通性，但它的表現方式非常豐富，不像現代中文字有固定的字形。例如甲骨文的「好」這個字，和現在的中文字一樣是由「女」和「子」組成，但組合位置並不固定，有的是女人緊緊抱著小孩的形狀，有的則是女人用手輕輕的撫摸著孩子，或是有點距離的看著孩子。各式各樣的字形，看了不禁令人莞爾。

　　我的父親是甲骨文研究者，也是書法家，他曾在一九八四年的《日本經濟新聞》中提到，已確認出「酒」這個字的甲骨文有一百種寫法之多，比起現在的中文字更能正確的傳達文章所要表達的意思呢！

　　那麼，我們就簡單的看一下甲骨文的發現過程吧！

發現甲骨文

　　中國有一種稱為「龍骨」的中藥材，其實就是龜甲與獸骨。一八九九年，位居國子監祭酒（相當於國家最高學府校長）的王懿榮，在龍骨的碎片中發現像文字的痕跡，他確信是古代文字，並將碎片拿給當時研究金文的考古學者劉鶚看，於是兩人開始收

購龍骨，並發現了五千片以上有文字的碎片。

劉鶚將文字拓本，於一九〇三年出版了六冊的《鐵雲藏龜》，這是甲骨文研究的開始。

探究甲骨文

看到拓本的考古學者羅振玉，發現刻在碎片上的帝王名稱和史料中的殷商帝王名稱一致，因此前往史料中記載之地——安陽調查。他從許多的出土遺物中推測，安陽可能就是殷商王朝的所在地，並出版了《殷墟古器物圖錄》。

王國維是集考古學、史學、文學、美學、哲學於一身的學者。他的考察發現，殷商王盤庚在西元前

十四世紀末遷都安陽，直到殷商王朝滅亡的兩百七十三年間，安陽都是商朝政治、經濟、軍事、文化的中心。於是，王國維出版了《卜辭中所見地名考》和《殷周制度論》兩本書。

殷墟之發掘

中華民國政府於一九二八年，任命中央研究院歷史語言研究所的考古學者董作賓負責執行大規模的殷墟挖

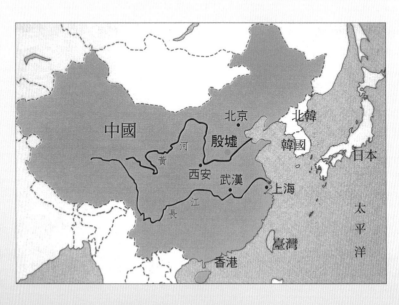

掘工程。

這個工程不但從黃河支流的洹河兩岸出土了多數的甲骨文碎片和青銅器，也發現了墳墓。董作賓解讀出土遺物中所刻的文字，因此了解當時的曆法和祭祀法，他將研究成果編纂成《殷曆譜》。

中日戰爭爆發之後，挖掘調查曾一度中斷。但一九四九年中華人民共和國成立之後，隔年又開始挖掘的工作。並在一九六一年宣布：長達二十四平方公里的殷墟，是中國重要的文化財。

透過甲骨文的解讀，證實了司馬遷在《史記》中所記載商王的世系、祭祀法、曆法、宮殿宗廟文化，以及庶民和奴隸居住地區的構造等。中國的古代史因而發出了新的光芒。

在二〇〇六年的聯合國教科文組織的大會上，一致通過將殷墟登錄為世界文化遺產。

為什麼會在龜殼和獸骨上刻文字呢？

刻在龜殼和獸骨上的甲骨文，學者推測是殷商王室占卜的痕跡。

古代的中國人認為，神明存在於自然界的一切事物之中，神明支配著所有的時空。而掌管這些神明的就是「天帝」。人們崇拜著神明和天帝，天帝是沒有形象的神明，所以人們建造祭壇祈求安穩和豐饒。

在殷商王朝中，帝王位居人間的最高位，是人們的代言者。當時，所有的決定事項都會透過儀禮，用占卜的方式詢問天帝。

占卜是用龜殼或獸骨來進行。首先，將形狀良好的龜殼或獸骨清理乾淨，並用錐子在上面鑽孔，再將加熱過的樹枝或金屬棒插入。這時龜殼或獸骨的表面就會開始龜裂，再依裂紋來占卜。之後將其占卜結果刻在同一片龜殼或獸骨上，再進行報告天帝的

年	中　國
B.C. 3000	新石器時代
	農耕、畜牧
	彩陶文化
	稻作文化
1600	・1600 龍山文化……占卜
1500	
1400	殷（商）
	甲骨文（~B.C.1300）
1300	
1000	・1050 青銅器………
900	西周
	金文（~B.C.1100）
800	東遷（東周）・770 ………………
700	
600	春秋時代
500	
400	・453 ……………………
	戰國時代
300	・221 秦　　小篆（B.C.220）
200	・206 ………………
100	西漢
	隸書（B.C.200）
A.D.0	・8 新
100	・25 東漢
200	三國（魏、蜀、吳）
300	西晉
	南北朝（東晉、宋、齊、梁、陳）
400	
500	・589 …………………… 楷書（A.D.5~600）
600	
700	隋、唐、宋
	（6~14世紀）
800	

◆漢字的演變

儀禮。裂紋因會走卜字形，所以此占卜方式也稱為「龜卜」。

　　占卜的文字會被塗上朱紅色，表示和天帝交流的神聖性。

　　解讀甲骨文能讓我們了解更多當時人們的活動範圍、想法、精神生活的轉變等，所以刻著占卜紀錄的甲骨文碎片，是解讀中國古代史極為重要的資料。解讀的工作一直到現在都還持續著。

計算看不見的時間 ——十天干和十二地支

　　從白天到黑夜，從過去到現在、未來，雖然眼睛看不到，但時間一直不停的前進。我們對未來有著期待和不安，古代的人們不也一樣嗎？

　　特別是農耕生活，如果不知道時節就無法運作。所以人們會很仔細的觀察天體的運行、季節的循環、動植物的生長和衰退等自然界的現象，然

後記住並訂定計畫。

　　學者解讀甲骨文之後，發覺商代已知道使用「十天干和十二地支」的曆法來計算時間。殷商時代用天干來記日，後來才用以記年。

　　「十天干」是表示順序的十個文字，它們是：

- 甲
- 乙
- 丙
- 丁
- 戊
- 己
- 庚
- 辛
- 壬
- 癸

　　此外，以十天為一旬，上旬、中旬、下旬之三旬為一個月。

　　「十二地支」最初為季節循環和再生之意的十二個循環數，分別是：

- 子
- 丑
- 寅
- 卯
- 辰
- 巳
- 午
- 未
- 申
- 酉
- 戌
- 亥

　　看了十天干和十二地支，似乎可以感受到古代人為了子孫的幸福，希望他們能從生活中磨練智慧的期許。

　　古人把十天干和十二地支組合起來計算年分，例如今年若是甲子年，明年就是乙丑年，第十一年則是甲戌年……以此類推，每經過六十年之後就會形成一個循環。所以一「甲子」就是六十年，又稱「花甲」。

十二地支和動物

原本的十二地支和動物無關，商代的後期才開始有動物出現。後來在秦代的墳墓中發現了「子為鼠」、「丑為牛」、「寅為虎」、「卯為兔」的竹簡占卜書。

現今學者們推測，在殷商王朝的最盛時期，十二地支和古代巴比倫王國、美索不達米亞等國的十二禽獸故事連結了起來。這是西元前兩百年左右的事。

在十二地支傳說中登場的動物因地區的不同而有異。這或許是生活在各地的人們以身邊的動物來傳達此故事的緣故吧！這本圖畫書中提到十二種動物擔任年的十二生肖，但還不只如此，連月亮的盈虧、時間的流轉都在不知不覺之中隨著動物們的更替而進行著。

◆以下為各地的十二生肖動物

日本	鼠	牛	虎	兔	龍	蛇	馬	羊	猴	雞	狗	野豬
韓國	鼠	牛、水牛	虎	兔	龍	蛇	馬	羊	猴	雞	狗	豬
中國	鼠	牛	虎	兔	龍	蛇	馬	羊、山羊	猴	雞	狗	豬
西藏	鼠	牛	虎	貓	龍	蛇	馬	羊	猴	雞	狗	豬
蒙古	鼠	牛	豹	兔	龍	蛇	馬	羊	猴	雞	狗	野豬
俄羅斯	鼠	牛	虎	兔	龍	蛇	馬	羊	猴	雞	狗	豬
保加利亞	鼠	牛	貓	兔	龍	蛇	馬	羊	猴	雞	狗	豬
波斯	鼠	牛	虎	兔	鱷魚	蛇	馬	羊	猴	雞	狗	野豬
阿拉伯	鼠	牛	虎	兔	鱷魚	蛇	馬	羊	猴	雞	狗	野豬
印度	鼠	牛	獅子	兔	龍	蛇	馬	羊	猴	雞	狗	野豬
泰國	鼠	牛	虎	貓	龍	蛇	馬	羊	猴	雞	狗	豬
越南	鼠	水牛	虎	兔	龍	蛇	馬	山羊	猴	雞	狗	豬

讀看看左邊的甲骨文，你認得是什麼字嗎？

林前觀舞象　川上見遊魚

你的孩子開始學識字了嗎？請和孩子一起猜猜看下面這段文字是什麼意思呢？

星期🔲，和𠂊親去🔲邊的⛰。途中，打了⋰⋰的🔲聲，下起🔲來了。我們在等🔲停的時候，看🔲了大隻的🔲。真是快樂的一天。

可以和孩子一起試著用甲骨文造句，好像暗號一樣，很有趣吧！正確答案是：

星期日，和父親去東邊的山。途中，打了小小的雷聲，下起雨來了。我們在等雨停的時候，看見了大隻的鹿。真是快樂的一天。

▲ 除了＊1和＊2 的「前」和「觀」字外，其他的字都出現在這本圖畫書喔！

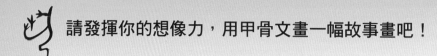請發揮你的想像力，用甲骨文畫一幅故事畫吧！

我的甲骨文日記　試著用你學到的甲骨文和中文字，寫出令你難忘的一天。